上海棋院实验小学冠军丛书

国际跳棋（下）

上海棋院实验小学　编

上海人民出版社

顾　　问：陈　军　张国强

主　　编：胡荣华

编　　委：王万亮　单霞丽　欧阳琦琳

　　　　　李祖年　林　塔　葛维蒲

　　　　　孙勇征　王　频　刘　沛

　　　　　季国英　钱慧萍　彭华明

策　　划：彭华明

撰稿人：林　塔　严　佳

责任编辑：杨柏伟　周　珍

封面设计：邹明耀

版面设计：杨钟玮

序

上海棋院院长　张国强

"国运盛，则棋运盛"。

多年来，上海的各项棋类运动一直开展得红红火火，人才辈出，佳绩频传，运动水平在全国保持领先，为我们这座城市赢得无数的声誉。这些归结于上海的各项棋类运动都拥有广泛、深入、良好的群众基础，也归结于各级领导和社会各界有识之士的关心支持。市民们非常热爱棋类运动，积极参加棋类活动，也乐于给自己的小孩进行棋类启蒙。扎实的群众基础也铸就了上海市棋类运动可持续发展的基础。

棋类活动对开发智力、陶冶情操、培养毅力等各方面的作用越来越被更多的人所认同，棋类运动的竞技水平也越来越被人们视作代表城市体育素质水平和精神文明建设水平的重要标杆。兄弟省市越来越重视棋类运动的发展，运动竞技水平也普遍提升得很快，上海棋类的发展面临着强有力的挑战。

居安思危，居危思变。以扎实的群众基础为保障，从娃娃抓起，以普及促提高,走好体教结合之路,将是上海市棋类运动创新转型、再创新高的关键性举措。由此,上海棋院与闸北区教育局共同创办了上海棋院实验小学,并且聘请德高望重的胡荣华老师担任学校的名誉校长,就是一次有益的尝试。我们对上海棋院实验小学寄予厚望,希望学校能够坚持走体教结合的道路,坚持课程改革的实验,坚持构建棋类特长学生培养的新模式,为上海培养更多的运动竞技水平高、文化基础扎实、思想道德素养好的棋类运动后备人才力量。

上海棋院实验小学虽然创办不久,但已经确定了"做自己的冠军"的学校文化的内涵。我非常欣赏这句话。上海棋院实验小学的学生不可能都成为职业棋手,但是棋类活动所内蕴的进取、夺冠等励志价值却能够成为所有学生一生拥有的宝贵财富。"学棋,更学做人",这是棋类项目迈上体教结合之路的真谛。

好的课程能够承载学校的育人价值和文化坚守。呈现于读者诸君面前的这套"冠军丛书",既是学棋的启蒙,也是鼓舞所有人争冠的号角。

以斯为序。

目录

第一课

施普林格思路

如图1,利用弃子引入的方法,将对方子调至41位,然后通过42—37主动送吃,将其调入到32位,再用38位子实施攻杀,甚至再连杀。这种模式的构思相传为荷兰棋手施普林格所创,因而叫"施普林格思路"。

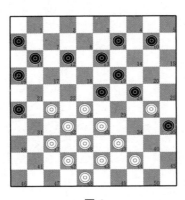

图1

打击示意图变化一:

1

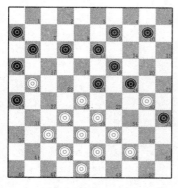

图 2   图 3

图 4

1. 27—21   26×17   2. 44—40   35×44

3. 39×50   24×35   4. 33—29   23×34

5. 28—22   17×28   6. 32×5

打击示意图变化二：

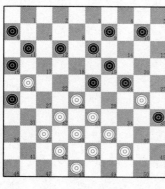

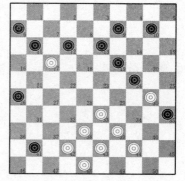

图 5   图 6

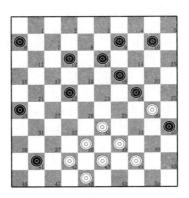

图 7

1. 27—21　16×27

2. 32×21　23×41

3. 21—17　11×22

4. 42—37　41×32

5. 38×7

练一练：

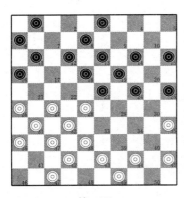

第一题　　　　　　　　　　　第二题

3

第二课

阿维达思路

阿维达思路打击的特点是:白方用 36 位的子进行打击,其打击路线是沿着 36—27—16—7—18—9 的线路进行的。这种战术打击被称为"阿维达思路"。

例 1(如图 8),白先:

图 8

1. 25—20   14×25
2. 37—31   26×37
3. 32×41   23×21
4. 33—29   24×42
5. 41—37   42×31
6. 36×9

例 2（如图 9），白先：

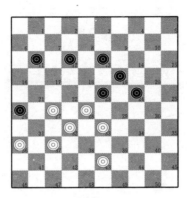

图 9

1. 37—31　26×37

2. 32×41　23×21

3. 33—29　24×33

4. 43—38　33×42

5. 41—37　42×31

6. 36×9

练一练：

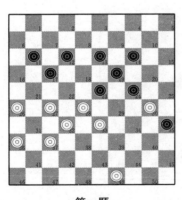

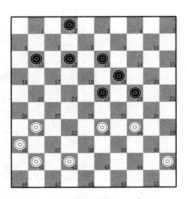

第一题　　　　　　　　　　第二题

第三课

莱亨巴赫思路

以法国知名棋手莱亨巴赫命名的打击,其特点是通过弃子调动,先将40位的子跳吃四子到20位,然后再从38位打到20位,形成右翼突破。这种战术打击被称为"莱亨巴赫思路"。

例1(如图10),白先:

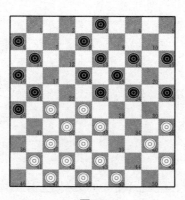

图 10

1. 27—22　18×27	2. 33—29　24×22
3. 35—30　25×34	4. 40×20　15×24
5. 32—28　22×33	6. 38×20

例 2(如图 11),白先:

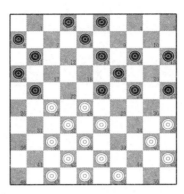

图 11

1. 33—29　24×31　　　　2. 37×17　11×22

3. 35—30　25×34　　　　4. 40×20　15×24

5. 32—28　22×33　　　　6. 38×20

练一练:

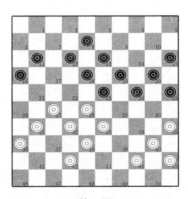

第一题

第四课

三王对一王

一般来说，在百格国际跳棋中，三王对一王是一个和棋局面，正式比赛中通常会有这样一条规则：若在 16 回合里三王对一王没有分出胜负，则直接判和。但是在实战中，三王抓一王还是有一些圈套的，若不小心没有看出对方圈套，那么和棋就会走成了输棋。

试一试：以下四个局面，若轮到白方走棋，白方都有赢棋，你们会赢吗？

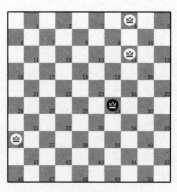 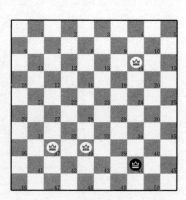

第一题   第二题

第三题 第四题

第五课

四王对一王

四王对一王是必胜局面,四王的一方只要在棋盘上摆成如图 12 局面,无论对方一王在棋盘上的哪个格子里,都会被直接抓死。

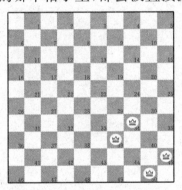

图 12

如图 13,五王对两王也是必胜残局。

图 13

　　试一试,黑方王棋分别摆在了棋盘上四个不同位置,白方先走,用什么方法能马上把黑方王棋抓死?

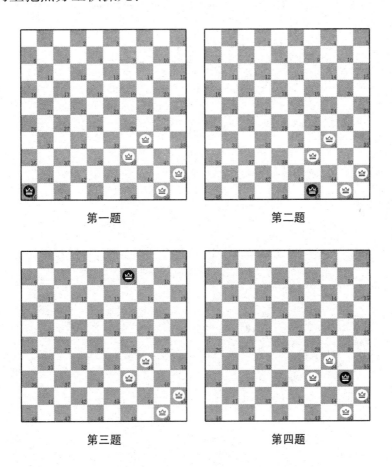

第一题　　　　　　　　　　　　第二题

第三题　　　　　　　　　　　　第四题

第六课

残局综合练习（一）

白先白胜

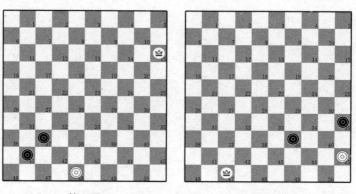

第一题　　　　　　　　　第二题

第三题　　　　　　　　　第四题

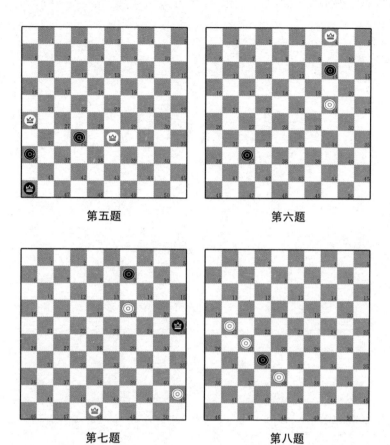

第五题   第六题

第七题   第八题

第七课

残局综合练习（二）

白先白胜

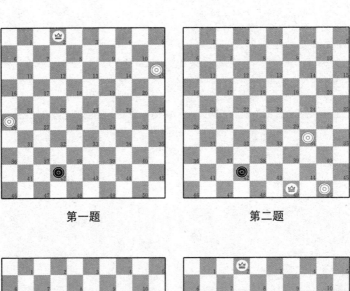

第一题　　　　　　　　第二题

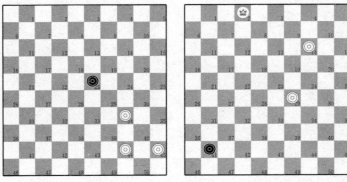

第三题　　　　　　　　第四题

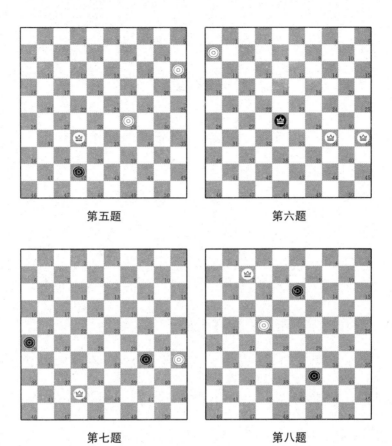

第五题   第六题

第七题   第八题

第八课

反　打

所谓反打，就是指一方先进行战术打击，打完后的局面轮到对方走棋，对方恰好也存在战术打击。

如图 14，此时白方走棋，很明显白方走 32—28 有战术打击，但是多子之后，轮到黑方走棋（见图 15），黑方恰巧也有战术打击，14—20！打完直接变王，黑方胜，我们称这种情况为白方被反打了。

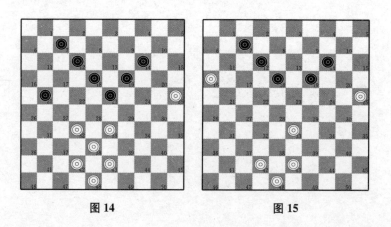

图 14　　　　　　　　图 15

想一想，下图轮到白方走，白方是否能走 29—24 进行战术打击？为什么？

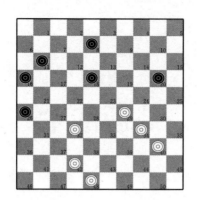

第九课

威胁战术

威胁战术是比较高级的战术打击,它是先通过威胁的手段,逼迫对方进行防御,之后再进行战术打击。我们来看下面一个例子。如图 16,白方走 32—27,想抓黑方 22 位的兵,若黑方走 22—28,则白方 27—21 一步杀,所以黑方只好走 12—18(或 13—18)堵住,但此时(见图 17),白方可进行战术打击:1. 27—21　16×27　2. 38—32　27×38　3. 39—33　38×29　4. 34×5.

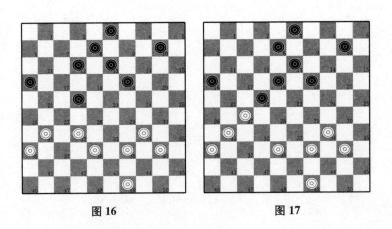

图 16　　　　　　　　　图 17

想一想,白方如何先威胁再进行战术打击?

第十课

威胁战术综合练习

白方先威胁，再进行战术打击。

第一题　　　　　　　　　　第二题

第三题　　　　　　　　　　第四题

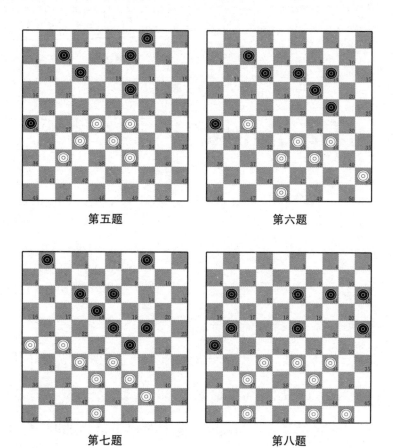

第五题　　　　　　　　　　　第六题

第七题　　　　　　　　　　　第八题

第十一课

拉法尔开局 19—23 体系

拉法尔是法国著名棋手,活跃于 19 世纪末 20 世纪初的国际跳棋大师、棋艺理论家。

他执白棋先行精于以 32—28 开局,并以自己的研习成果和骄人战绩赢得棋界尊重。故后人以他的名字命名了 32—28 这个开局。拉法尔开局注重子力均衡发展,变化复杂,是国际大赛中出现率最高的开局。白方 32—28 后,黑方有九种合理应着,其中 19—23 被称为阿姆斯特丹体系或叫左翼兑换开局体系。

开局常见变化一:

1. 32—28	19—23	2. 28×19　14×23
3. 37—32	10—14	4. 41—37　5—10
5. 46—41	14—19	6. 32—28　23×32
7. 37—28	16—21	8. 31—26　18—22
9. 34—30	10—14	10. 30—25　12—18
11. 35—30	8—12	12. 39—34　11—16

13. 40—35　6—11	14. 45—40　2—8
15. 36—31　1—6	16. 41—36　4—10

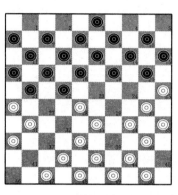

图 18

如图 18,双方开局部分告一段落。白方两翼、中心都有子力分布,黑方对 27 位虎视眈眈,中局双方将围绕 24 位、27 位、23 位、28 位的控制权展开激烈争夺。

开局常见变化二:

1. 32—28　19—23	2. 28×19　14×23
3. 37—32　10—14	4. 35—30　13—19
5. 30—25　8—13	6. 33—28　2—8
7. 39—33　20—24	8. 44—39　14—20
9. 25×14　9×20	10. 49—44　4—9
11. 41—37　17—22	12. 28×17　12×21
13. 31—26　7—12	14. 26×17　12×21
15. 46—41　21—26	

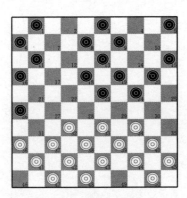

图 19

　　至如图 19,黑方占据 23、24 位中心位置,子力集中在自己的左翼,而白

方子力分布均匀且队形牢固,双方各有优势,中局局势还不明朗。

第十二课

拉法尔开局 16—21 体系

开局常见变化一：

1. 32—28　16—21
2. 31—26　18—22
3. 37—32　11—16
4. 41—37　7—11
5. 37—31　21—27
6. 32×21　16×27
7. 34—29　1—7
8. 46—41　12—18
9. 41—37　8—12
10. 37—32　2—8
11. 32×21　19—23
12. 28×19　14×34
13. 40×29　22—28
14. 33×22　18×16
15. 35—30　10—14

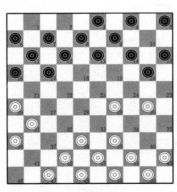

图 20

如图 20，经过一系列兑子，黑方阵形工整可战，白方则利用兵高优势在右翼蓄势待发。

开局常见变化二：

1. 32—28　16—21　　　　　2. 31—26　18—22

3. 38—32　11—16　　　　　4. 43—38　7—11

5. 49—43　1—7　　　　　　6. 37—31　21—27

7. 32×21　16×27　　　　　8. 42—37　11—16

9. 37—32　16—21　　　　　10. 41—37　20—24

11. 47—42　13—18　　　　　12. 28—23　18×29

13. 34×23　19×28　　　　　14. 32×23　7—11

15. 46—41　14—19　　　　　16. 23×14　10×19

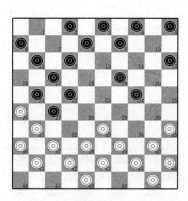

图 21

至如图 21，黑方占据 27 位、24 位要点。黑方走法比较积极，白方队形工整，子力分布均匀，可随时准备组织反击。第 9 回合黑方 16—21 这步棋非常尖锐，走完之后局面变得更加复杂，双方都要小心。

第十三课

拉法尔开局 17—21 体系

开局常见变化一：

1. 32—28	17—21	2. 31—26	19—23
3. 26×17	12×21	4. 28×19	14×23
5. 35—30	7—12	6. 40—35	10—14
7. 44—40	14—19	8. 33—29	4—10
9. 38—33	1—7	10. 42—38	11—17
11. 50—44	21—26	12. 37—31	26×37
13. 41×32	7—11	14. 46—41	2—7
15. 47—42	17—21		

图 22

27

如图 22,白方在右翼聚集子力,阵形牢固,中局将瞄准 24 位前进。黑方在防守的同时可以试图在白方相对较弱的左翼夺取控制权。

开局常见变化二:

1. 32—28　17—21　　　　2. 31—26　19—23

3. 26×17　12×21　　　　4. 28×19　14×23

5. 33—28　23×32　　　　6. 37×28　7—12

7. 39—33　1—7　　　　　8. 44—39　11—17

9. 41—37　10—14　　　　10. 46—41　18—22

11. 34—30　13—18　　　　12. 30—25　4—10

13. 40—34　9—13　　　　14. 50—44　13—19

15. 44—40　19—23　　　　16. 28×19　14×23

17. 25×14　10×19

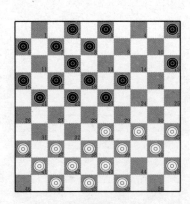

图 23

如图 23,黑方占据中心,但黑方左翼较为空虚;白方左右发展均衡,队形牢固,随时准备好与黑方抢夺中心。

第十四课

拉法尔开局 17—22 体系(一)

开局常见变化一:

1. 32—28   17—22   2. 28×17   12×21

3. 31—26   7—12   4. 26×17   11×22

5. 37—32   1—7   6. 41—37   16—21

7. 32—28   12—17   8. 46—41   8—12

9. 37—32   3—8   10. 41—37   7—11

11. 34—30   21—27   12. 32×21   17×26

13. 28×17   11×22   14. 30—25   19—23

15. 35—30   13—19   16. 30—24   20×29

17. 33×13   8×19

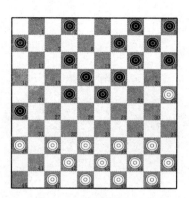

图 24

至如图 24,黑方占据中心,但右翼较为空虚;白方阵形严整,局势相当。

开局常见变化二:

1. 32—28　17—22　　　2. 28×17　12×21

3. 34—29　7—12　　　　4. 40—34　11—17

5. 45—40　6—11　　　　6. 37—32　19—23

7. 41—37　14—19　　　　8. 33—28　2—7

9. 39—33　10—14　　　　10. 31—27　20—24

11. 29×20　15×24　　　　12. 44—39　5—10

13. 34—30　10—15　　　　14. 30—25　21—26

15. 40—34　1—6

图 25

如图 25,双方形成以 27、28、32 位以及 23、24、19 位为标志的典型古典局面,中局变化将复杂多变。

第十五课

拉法尔开局 17—22 体系(二)

开局常见变化一:

1. 32—28　17—22　　　　2. 28×17　11×22

3. 37—32　12—17　　　　4. 41—37　6—11

5. 46—41　8—12　　　　6. 34—29　19—23

7. 40—34　14—19　　　　8. 32—28　23×32

9. 37×28　16—21　　　　10. 41—37　10—14

11. 45—40　5—10　　　　12. 38—32　11—16

13. 43—38　3—8　　　　14. 49—43　21—26

15. 29—23　18×29　　　　16. 34×23　20—24

17. 31—27　22×31　　　　18. 36×27　15—20

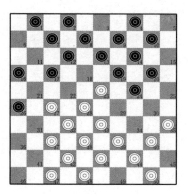

图 26

13 回合前双方大体均势,局面都很工整,之后白方通过两次兑子占领 23 位和 27 位,现在如图 26 局面中心完全被白方所占据,白方形势稍好,黑方需要考虑对策,组织反击。

开局常见变化二:

1. 32—28　17—22　　　2. 28×17　11×22

3. 37—32　12—17　　　4. 41—37　6—11

5. 46—41　8—12　　　6. 34—29　19—23

7. 40—34　14—19　　　8. 32—28　23×32

9. 37×28　16—21　　　10. 41—37　10—14

11. 45—40　5—10　　　12. 38—32　11—16

13. 43—38　3—8　　　14. 49—43　19—23

15. 28×19　14×23　　　16. 31—27　22×31

17. 36×27　17—22　　　18. 35—30　22×31

19. 37×17　12×21

图 27

至如图 27,白方队形相对工整,之后可向 24 位进军,黑方在防守的同时可向白方左翼发动进攻。

第十六课

拉法尔开局 18—22 体系

开局常见变化一：

1. 32—28　18—22

2. 37—32　12—18

3. 31—26　7—12

4. 36—31　1—7

5. 41—36　20—25

6. 46—41　14—20

7. 41—37　10—14

8. 47—41　5—10

9. 32—27　19—23

10. 28×19　14×23

11. 34—30　25×34

12. 40×29　23×34

13. 39×30　20—25

14. 44—39　25×34

15. 39×30　10—14

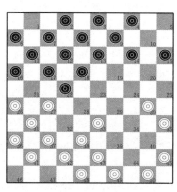

图 28

如图 28，白方利用全障碍阵形控制住黑方右翼，之后的局面发展白方需要继续在黑方的左翼抢夺控制权，而黑方需要不断往中心运子，削弱白方全障碍棋形对于黑方的牵制。

开局常见变化二：

1. 32—28	18—22	2. 37—32	12—18
3. 41—37	7—12	4. 46—41	1—7
5. 31—26	19—23	6. 28×19	14×23
7. 32—28	23×32	8. 37×28	16—21
9. 41—37	21—27	10. 37—31	20—24
11. 34—29	10—14	12. 29×20	15×24
13. 40—34	5—10	14. 45—40	10—15
15. 50—45	13—19		

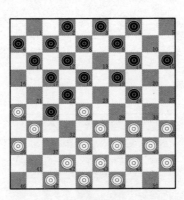

图 29

如图 29，黑方走法比较积极，同时占据 27、24 两个重要格子，给白方施加压力，但白方阵形稳固，无明显弱点，可攻可守。

第十七课

拉法尔开局 18—23 体系

开局常见变化一：

1. 32—28　18—23　　　2. 33—29　23×32

3. 37×28　17—22　　　4. 28×17　11×22

5. 41—37　16—21　　　6. 31—26　20—24

7. 26×28　24×22　　　8. 39—33　13—18

9. 44—39　6—11　　　10. 50—44　11—17

11. 46—41　9—13　　　12. 37—32　7—11

13. 41—37　4—9　　　14. 35—30　19—23

15. 30—25　14—20　　　16. 25×14　10×19

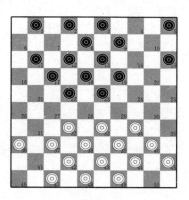

图 30

至如图 30,双方大致均势,黑方暂时占据中心,但白方纵队蓄势待发,随时准备与黑方抢夺中心。

开局常见变化二:

1. 32—28 18—23   2. 34—29 23×32

3. 37×28 12—18   4. 41—37 7—12

5. 37—32 1—7   6. 46—41 16—21

7. 31—26 18—23   8. 29×18 13×22

9. 41—37 11—16   10. 28—23 19×28

11. 32×23 7—11   12. 40—34 20—25

13. 44—40 14—19   14. 23×14 10×19

15. 37—31 5—10

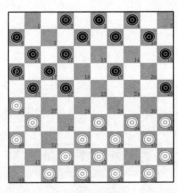

图 31

如图 31,黑方在右翼集结子力,准备向 27 位进攻;白方子力发展均衡,队形工整,在注意防守自己左翼的同时,可攻击对方左翼。

第十八课

拉法尔开局 20—24 体系

开局常见变化一：

1. 32—28　20—24

2. 34—30　14—20

3. 30—25　10—14

4. 37—32　18—23

5. 42—37　17—21

6. 31—26　4—10

7. 26×17　12×21

8. 36—31　21—26

9. 31—27　7—12

10. 41—36　11—17

11. 47—42　17—21

12. 46—41　1—7

13. 36—31　12—18

14. 41—36　7—12

15. 27—22　18×27

16. 31×22　2—7

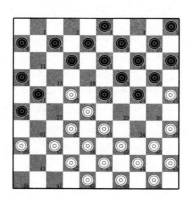

图32

如图 32,白方运子完成后,向 22 位发动进攻,对黑方右翼施压,拉开了中局双方激烈拼争的序幕。黑方在防守右翼的同时也可积极在自己的左翼向白方发动反击,攻打 29 位,与白方展开对攻,局面尖锐复杂。

开局常见变化二:

1. 32—28　20—24　　　　2. 37—32　18—23

3. 41—37　12—18　　　　4. 31—27　7—12

5. 46—41　17—21　　　　6. 36—31　21—26

7. 41—36　14—20　　　　8. 34—29　23×34

9. 39—30　18—23　　　　10. 44—39　13—18

11. 30—25　8—13　　　　12. 25×14　9×20

13. 39—34　2—8　　　　14. 49—44　4—9

15. 34—29　23×34　　　　16. 40×29　20—25

17. 29×20　15×24

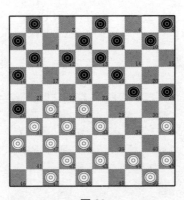

图 33

至如图 33,双方都在两翼部署子力,中局将会出现双方两翼对攻的精彩场面。

第十九课

拉法尔开局 20—25 体系

开局常见变化一：

1. 32—28　20—25

2. 37—32　15—20

3. 41—37　10—15

4. 34—29　17—21

5. 31—26　5—10

6. 26×17　11×22

7. 28×17　12×21

8. 32—28　19—23

9. 28×19　14×34

10. 39×30　25×34

11. 40×29　20—25

12. 46—41　10—14

13. 37—32　7—12

14. 41—37　1—7

15. 33—28　14—20

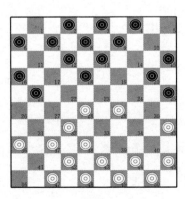

图34

41

如图 34，双方在此开局中经历了多次子力交换，局面呈较开放状态。中局双方依然会围绕中心地带展开争夺。

开局常见变化二：

1. 32—28　20—25　　　　2. 37—32　15—20

3. 41—37　10—15　　　　4. 46—41　5—10

5. 31—26　20—24　　　　6. 36—31　15—20

7. 41—36　18—23　　　　8. 34—29　23×34

9. 39×30　25×34　　　　10. 40×29　12—18

11. 43—39　7—12　　　　12. 29—23　18×29

13. 35—30　24×35　　　　14. 33×15　1—7

15. 49—43　13—18

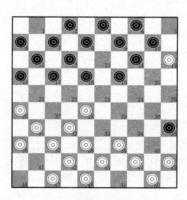

图 35

如图 35，经过多次兑子，白方攻占了 15 位，黑方的兵到了 35 位，局面均势，中局双方争夺的焦点还是在中心。

第二十课

中心对称开局

中心对称开局指的是白棋第一步走 33—28，黑方回应 18—23。

开局常见变化一：

| 1. 33—28 | 18—23 | 2. 39—33 | 12—18 |

1. 33—28　18—23　　　　2. 39—33　12—18

3. 44—39　7—12　　　　4. 31—27　20—24

5. 37—31　14—20　　　　6. 27—22　18×27

7. 31×22　24—29　　　　8. 33×24　20×29

9. 41—37　17—21　　　　10. 47—41　10—14

11. 34—30　12—18　　　　12. 39—33　18×27

13. 33×24　14—20　　　　14. 37—31　20×29

15. 31×22　5—10

图 36

如图 36,此中心对称开局中黑方和白方有很多相似的走法,白棋占据 22 位,黑棋占据 29 位,中心区域的子力部署也呈对称状态。中局的焦点依然在 22 位和 29 位两个点的争夺上。

开局常见变化二:

1. 33—28 18—23   2. 39—33 12—18

3. 44—39 7—12   4. 31—27 17—21

5. 33—29 20—24   6. 29×20 15×24

7. 49—44 2—7   8. 37—31 10—15

9. 34—30 14—20   10. 39—33 21—26

11. 30—25 26×37   12. 42×31 12—17

13. 25×14 9×20   14. 44—39 7—12

15. 47—42 4—9

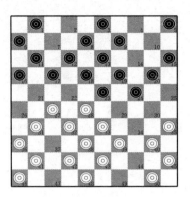

图 37

　　至如图 37，双方形成古典局面。中局将围绕 22 位、29 位及两翼的争夺展开激战。

罗增堡开局 19—23 体系

罗增堡是荷兰著名棋手,在 1948 年举行的首届国际跳棋奥林匹克大赛中荣获冠军,并于 1952 年第二届奥林匹克大赛中蝉联冠军。他在比赛中执白棋常以 33—29 作为开局的第一步,因他在各种比赛中的辉煌成就以及对 33—29 布局的精妙解析深得棋界尊崇,所以后人用其名字命名 33—29 这个开局。

开局常见变化一:

1. 33—29	19—23	2. 39—33	14—19
3. 44—39	10—14	4. 50—44	5—10
5. 31—26	20—25	6. 37—31	14—20
7. 41—37	10—14	8. 46—41	4—10
9. 32—28	23×32	10. 37×28	19—23
11. 28×19	13×24	12. 41—37	8—13
13. 37—32	2—8	14. 42—37	14—19
15. 47—41	10—14		

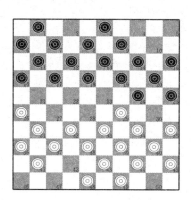

图 38

至如图 38，双方子力发展协调、队形工整，大体均势。

开局常见变化二：

1. 33—29　19—23
2. 35—30　20—25
3. 40—35　14—19
4. 30—24　19×30
5. 35×24　9—14
6. 45—40　14—20
7. 50—45　3—9
8. 38—33　10—14
9. 32—28　23×32
10. 37×28　17—22
11. 28×17　11×22
12. 42—38　5—10
13. 38—32　6—11
14. 43—38　11—17
15. 32—28　16—21

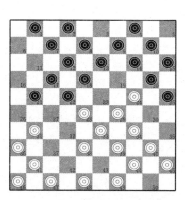

图 39

如图39,白方在开局第5回合时就占据了24位,形成了"桩子"局面,之后一直在和黑方争夺中心地带的控制权,试图用更强大的中心支援24位的兵使它变得更强,黑方则需要想办法限制白方中心变强,从而化解白方24位带来的压力。

第二十二课

罗增堡开局 17—22 体系

开局常见变化一：

1. 33—29 17—22	2. 39—33 11—17
3. 44—39 6—11	4. 50—44 1—6
5. 31—26 16—21	6. 32—28 19—23
7. 28×19 14×23	8. 35—30 10—14
9. 30—24 21—27	10. 37—31 23—28
11. 42—37 5—10	12. 48—42 20—25
13. 40—35 14—20	14. 35—30 9—14

图 40

至如图40,形成了罗增堡开局的代表性局面,以后白方有两种主要选择:

(1)

15.	45—40	11—16	16.	24—19	13×35
17.	29—24	20×29	18.	34×21	16×27
19.	33—28	22×33	20.	31×11	6×17
21.	39×28				

15. 45—40   11—16   16. 24—19   13×35

17. 29—24   20×29   18. 34×21   16×27

19. 33—28   22×33   20. 31×11   6×17

21. 39×28

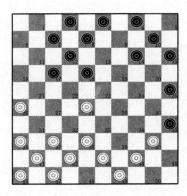

图 41

如图41,经过多回合兑子,尖锐局面有所缓解,局面呈开放状态,双方右翼都相对薄弱,在进攻对方的同时需要兼顾防守。

(2)

15. 44—40   3—9   16. 40—35   28—32

17. 37×28   18—23   18. 28×19   14×23

19. 29×18   20×40   20. 45×34   12×23

图 42

如图 42,经过几回合激烈兑子,双方阵形都需要重新部署整合,未来的争夺仍旧是中心地带。

开局常见变化二:

1. 33—29　17—22   2. 39—33　11—17

3. 44—39　6—11   4. 50—44　1—6

5. 32—28　19—23   6. 28×19　14×23

7. 35—30　10—14   8. 30—24　5—10

9. 31—26　20—25   10. 24—20　15×24

11. 29×20　14—19   12. 20—15　22—27

13. 40—35　10—14   14. 34—30　25×34

15. 39×30　17—21   16. 26×17　12×21

图 43

　　如图 43，白方占据 15 位，黑方占据 27 位，白方在右翼对黑棋略有限制，而黑方在中心控制得较好，双方各有所得。中局阶段白方需要与黑棋争夺中心区域的控制权，以便使 15 位的兵发挥作用。

第二十三课

罗增堡开局 18—22 体系

开局常见变化一：

1. 33—29　18—22　　　　2. 31—26　22—27

3. 32×21　16×27　　　　4. 37—32　17—21

5. 26×17　12×21　　　　6. 32—28　11—16

7. 38—32　27×38　　　　8. 43×32　7—12

9. 41—37　1—7　　　　　10. 36—31　13—18

11. 39—33　9—13　　　　12. 42—38　19—23

13. 28×19　14×23　　　　14. 35—30　10—14

15. 30—25　4—9

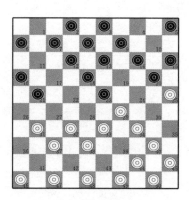

图44

53

至如图 44,双方大体均势。黑方阵形相对稳固,白方经子力调整后可向 24 位及右翼方向推进,黑方则凭借强大的中心兵阵不让白方实现其意图。

开局常见变化二:

1. 33—29	18—22	2. 38—33	12—18
3. 42—38	7—12	4. 32—28	19—23
5. 28×19	14×23	6. 35—30	1—7
7. 31—26	16—21	8. 40—35	21—27
9. 37—31	10—14	10. 44—40	14—19
11. 50—44	20—25	12. 30—24	19×30
13. 35×24	13—19	14. 24×13	8×19
15. 41—37	9—13		

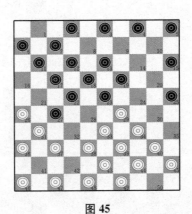

图 45

如图 45,黑方占据 27 位,形成"桩子"局面,开局中白方也曾占据 24 位,但马上就被黑方兑换掉了,白棋之后也可用兑换的手段直接摆脱"桩子"局面。

第二十四课

施普林格开局

　　施普林格开局指的是白棋第一步走 31—26 的开局,它是以荷兰的前世界冠军施普林格命名的开局法,注重己方左翼子力的部署与发展,风格独特,大赛中时有出现。

　　开局常见变化一:

1. 31—26　19—23　　　　2. 36—31　14—19

3. 41—36　10—14　　　　4. 46—41　5—10

5. 31—27　17—22　　　　6. 32—28　23×21

7. 26×28　16—21　　　　8. 38—32　11—17

9. 43—38　6—11　　　　10. 49—43　1—6

11. 34—29　21—26　　　　12. 40—34　19—23

13. 28×19　14×23　　　　14. 35—30　17—22

15. 32—28　23×32　　　　16. 37×17　11×22

图 46

如图 46,开局中,白方从左翼的子力部署发展到了右翼,之后黑白双方

将在中心及右翼进行争夺。

开局常见变化二:

1. 31—26　19—23　　　　2. 37—31　14—19

3. 41—37　10—14　　　　4. 34—30　20—25

5. 46—41　25×34　　　　6. 39×30　5—10

7. 44—39　15—20　　　　8. 30—25　10—15

9. 50—44　20—24　　　　10. 31—27　4—10

11. 37—31　15—20　　　　12. 33—28　10—15

13. 41—37　17—22　　　　14. 28×17　11×22

15. 38—33　7—11

图 47

　　如图 47,黑方占据中心,队形牢固,白方占据两边,各有所得,中局战斗

将在中心和左翼展开。

第二十五课

波兰开局

波兰开局指的是白棋第一步走 31—27 的开局。波兰曾是国际跳棋强国,为百格国际跳棋的发展做出过贡献。31—27 开局因波兰籍棋手的系统研究与实践而被后人命名。波兰开局注重左翼子力部署,经常演变成以 27、28、32 为标志的经典中局局面,深受局面性棋手喜爱。

开局常见变化一:

1. 31—27	17—21		2. 33—28	21—26
3. 39—33	18—23		4. 36—31	12—18
5. 41—36	20—24		6. 44—39	7—12
7. 34—30	14—20		8. 30—25	10—14
9. 40—34	24—30		10. 35×24	20×40
11. 45×34	14—20		12. 25×14	9×20
13. 33—29	20—24		14. 29×20	15×24
15. 50—45	5—10		16. 38—33	10—15

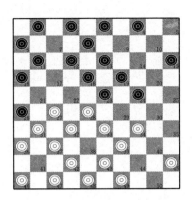

图 48

如图 48,双方对弈成古典局面,经过多次兑子,黑白双方子力都集中在棋盘左翼,之后的斗争也将从左翼展开。

开局常见变化二:

1. 31—27　17—21　　　　2. 34—30　18—23

3. 30—25　12—18　　　　4. 40—34　7—12

5. 33—28　21—26　　　　6. 34—30　20—24

7. 39—33　23—29　　　　8. 28—22　18—23

9. 33—28　12—17　　　　10. 44—39　8—12

11. 36—31　12—18　　　　12. 41—36　2—7

13. 39—33　7—12　　　　14. 49—44　15—20

15. 44—39　10—15

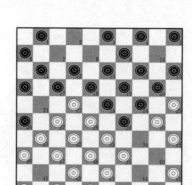

图 49

　　至如图 49,双方局面尖锐复杂,需要大量计算,一不小心就会被对方堵死。

第二十六课

法布尔开局

　　法布尔开局指的是第一步白棋走 34—29 的开局。法布尔是法国冠军棋手,他擅长战术组合又讲究局面走法,尤其对布局的研究更是他所处那个年代的领跑者。由于法布尔在重大比赛中执白棋经常第一步以 34—29 开局并且战绩辉煌,随后法布尔的名字便和 34—29 这个开局联系在了一起。

　　开局常见变化一:

1. 34—29	19—23		2. 40—34	14—19
3. 45—40	10—14		4. 50—45	5—10
5. 32—28	23×32		6. 37×28	19—23
7. 28×19	14×23		8. 41—37	10—14
9. 35—30	16—21		10. 47—41	21—26
11. 33—28	23×32		12. 37×28	26×37
13. 41×32	20—25		14. 39—33	14—20
15. 30—24	17—21		16. 44—39	12—17

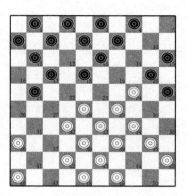

图 50

至如图 50,白方在中心和右翼建立了坚固的兵阵及 24 位"桩子",而黑方也不差,子力发展协调,之后的发展黑方要从白方左翼入手,争抢另外半边的控制权。

开局常见变化二:

1. 34—29　19—23

2. 33—28　23×34

3. 40×29　17—22

4. 28×17　12×21

5. 45—40　14—19

6. 39—34　21—26

7. 43—39　10—14

8. 50—45　5—10

9. 38—33　7—12

10. 42—38　1—7

11. 47—42　16—21

12. 49—43　21—27

13. 31×22　18×27

14. 32×21　26×17

15. 37—32　20—24

16. 29×20　15×24

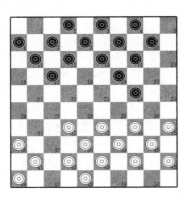

图 51

至如图 51, 局面非常开放, 双方阵形严整, 都无明显弱点, 大体均势。

第二十七课

法兰西开局

法兰西开局指的是第一步白方走 34—30 的开局。法国是国际跳棋强国，34—30 开局伴随着法国棋手的成功而享誉世界，法兰西开局因此得名。

开局常见变化一：

1. 34—30　20—25　　　　2. 30—24　19×30

3. 35×24　18—23　　　　4. 40—34　12—18

5. 45—40　7—12　　　　6. 32—28　23×32

7. 37×28　18—23　　　　8. 28×19　14×23

9. 50—45　1—7　　　　10. 41—37　13—18

11. 33—29　23—28　　　　12. 38—33　8—13

13. 33×22　17×28　　　　14. 43—38　12—17

15. 48—43　3—8

图 52

至如图 52,白方占据 24 位,黑方占据 28 位,各有所得。中局白方将利用 24 位继续向黑方左翼施压,而黑棋则会利用对中心的控制攻击白方相对虚弱的左翼。

开局常见变化二：

1. 34—30　20—25　　　　2. 30—24　19×30

3. 35×24　18×22　　　　4. 33—29　14—20

5. 38—33　10—14　　　　6. 32—28　16—21

7. 37—32　11—16　　　　8. 42—38　7—11

9. 31—26　14—19　　　　10. 40—35　19×30

11. 35×24　5—10　　　　12. 45—40　10—14

13. 41—37　14—19　　　　14. 40—35　19×30

15. 35×24　9—14　　　　16. 44—40　4—9

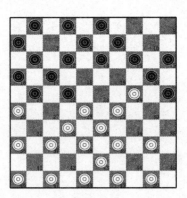

图 53

如图 53,白方走法非常积极,开局第二步就攻占了 24 位,之后在中路集结了大量子力,为中局阶段的右翼推进奠定了基础。黑方的子力偏重于白方的左翼,这就为黑方冲击白方左翼积蓄了能量。中局阶段将会出现两翼对攻的精彩场面。

第二十八课

35—30 开局

35—30开局白方非常注重子力结构、兵形阵法,是一种比较尖锐的开局,受当代棋手喜爱。

开局常见变化一:

1. 35—30	20—25	2. 33—29	15—20
3. 29—23	19×28	4. 32×23	18×29
5. 34×23	25×34	6. 40×29	10—15
7. 45—40	20—24	8. 29×20	15×24
9. 31—27	5—10	10. 37—32	17—21
11. 41—37	21—26	12. 32—28	12—17
13. 38—32	13—19	14. 43—38	8—13
15. 38—33	10—15		

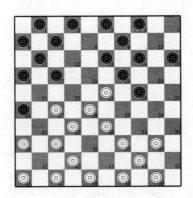

图 54

至如图 54,白方占据 23 位,并试图往中心运子以支持 23 位的兵,黑方占据两翼呈包围之势。

开局常见变化二：

1. 35—30　20—25　　　　2. 33—29　14—20

3. 40—35　20—24　　　　4. 29×20　25×14

5. 45—40　19—23　　　　6. 39—33　14—19

7. 43—39　15—20　　　　8. 48—43　20—25

9. 33—29　17—21　　　　10. 50—45　21—26

11. 38—33　12—17　　　　12. 42—38　17—22

13. 30—24　19×30　　　　14. 35×24　22—27

15. 31×22　18×27　　　　16. 29×18　13×22

17. 32×21　26×17

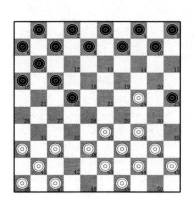

图 55

如图 55,经过一番兑子,白方占据了 24 位,且兵位较高,之后能比较快地占据中心,黑方需考虑中局作战计划,及时重整队形。

第二十九课

开局打击练习(一)

白先白胜

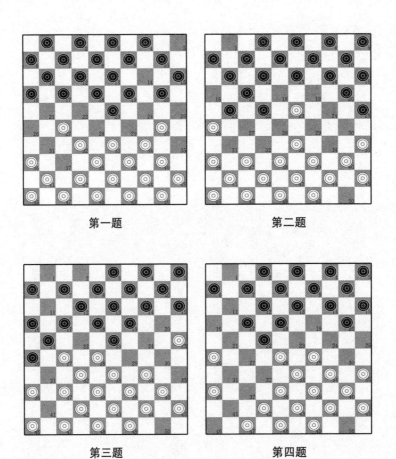

第一题　　　　　　　　　第二题

第三题　　　　　　　　　第四题

第五题   第六题

第七题   第八题

第三十课

开局打击练习(二)

第一题　　　　　　　　　第二题

第三题　　　　　　　　　第四题

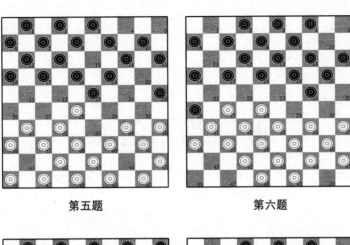

第五题　　　　　　　　　第六题

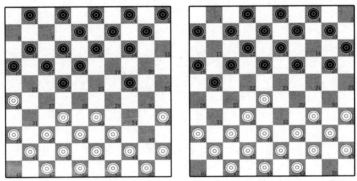

第七题　　　　　　　　　第八题

课后练习答案

第一课

第一题：1. 27—22　18×27　2. 32×21　23×41　3. 21—17

12×21　4. 26×17　11×22　5. 42—37　41×32　6. 38×29

第二题：1. 27—22　18×27　2. 32×21　23×41　3. 21—17

11×22　4. 42—37　41×32　5. 38×9

第二课

第一题：1. 26—21　17×26　2. 37—31　26×37　3. 32×41

23×21　4. 33—29　24×33　5. 49—43　35×24　6. 43—38　33×42

7. 41—37　42×31　8. 36×29

第二题：1. 33—28　23×32　2. 31—27　32×21　3. 34—29

24×33　4. 42—38　33×42　5. 41—37　42×31　6. 36×9

第三课

第一题：1. 27—21　16×27　2. 31×22　18×27　3. 32×21

23×43　4. 42—38　43×32　5. 33—29　24×33　6. 21—17　12×21

7. 35—30 25×34 8. 40×7

第四课

第一题：1. 14—20 29×15 2. 36—47

第二题：1. 38—33 44×5 2. 37—46

第三题：1. 35—40 23×45 2. 6—1

第四题：1. 26—8 19×2 2. 18—7

第五课

第一题：1. 39—28

第二题：1. 50—44

第三题：1. 34—18

第四题：1. 39—6

第六课

第一题：1. 15—47 41—46 2. 47—41

第二题：1. 47—38 39—44 2. 38—33

第三题：1. 7—1 34—39 2. 50—44

第四题：1. 7—1 41—47 2. 1—29

第五题：1. 26—37 32×41 2. 33—47

第六题：1. 24—19 14×23 2. 4—10

第七题：1. 19—14 9×20 2. 45—40

第八题：1. 21—17 32×12 2. 38—32

第七课

第一题：1. 2—19 42—48 2. 19—37

第二题：1. 49—38 42×33 2. 34—29

第三题：1. 34—29 23×34 2. 44—40

第四题：1. 2—8 41—46 2. 8—19

第五题：1. 32—38 42×24 2. 15—10

第六题：1. 35—44 28×50 2. 34—12

第七题：1. 35—30 34×25 2. 42—48

第八题：1. 22—18 13×22 2. 7—11

第八课

黑方 11—17 有反打

第九课

1. 31—27 21—26 2. 27—21 26×17 3. 28—22 17×28

4. 39—33 28×30 5. 35×2

第十课

第一题：1. 30—25 20—24 2. 33—29

第二题：1. 33—29 12—18 2. 29—24

第三题：1. 32—28 22—27 2. 28—22

第四题：1. 34—29 14—20 2. 38—32

第五题：1. 29—23 9—14 2. 28—22

第六题：1. 34—29 14—20 2. 27—21

第七题：1. 33—28 13—19 2. 38—33

第八题：1. 33—28 13—19 2. 37—31

第二十九课

第一题：1. 32—28　23×21　2. 30—24

第二题：1. 23—18　12×23　2. 35—30

第三题：1. 27—22　18×27　2. 37—31

第四题：1. 26—21　17×26　2. 29—24

第五题：1. 29—24　20×29　2. 34×21

第六题：1. 29—24　20×29　2. 33×24

第七题：1. 22—18　13×22　2. 34—30

第八题：1. 29—24　20×29　2. 32—28

第三十课

第一题：1. 27—22　18×27　2. 33—29

第二题：1. 33—29　26×28　2. 29—24

第三题：1. 37—32　18×29　2. 32—27

第四题：1. 27—22　18×27　2. 28—23

第五题：1. 28—22　17×28　2. 39—33

第六题：1. 27—22　18×27　2. 28—23

第七题：1. 26—21　17×26　2. 33—29

第八题：1. 28—22　18×27　2. 38—33

后　记

棋类运动,是高雅、智慧和创造的象征,是中国乃至世界文明史上源远流长的优秀文化载体,自古以来就被誉为"智慧的体操"、"人类智慧的磨刀石"。

对于学校教育而言,能将棋类教育纳入课堂体系,与教育教学实际有机结合,不仅有利于学生的个性塑造,也有利于培养学生独立思考解决问题的能力,更有利于学生增进和提升自身的人文底蕴。

上海棋院实验小学以打造"轻负高效、特色鲜明、全面发展"的高品质新优质学校为目标,进一步做大做强棋类教育特色。学校坚定走体教结合之路,以棋类教育为载体,培养学生审慎、严密的逻辑思维方式及学生自信心、社会竞争意识与独立能力,力求培养出文化与棋艺都一流的优秀学生;坚定走素质教育之路,开设更多的各种棋类活动课程供学生自主选择,不断丰富学校棋文化教育的资源,彰显学校棋类教育特色;坚定走博学、精通之路,力争在未来几年里,培养出一批棋艺和学业兼优、"三棋(象棋、国际象棋、国际跳棋)必兼会、一棋必精通"的高素质小学毕业生。

　　"工欲善其事，必先利其器"。良好的棋类教材是保证上海棋院实验小学棋类教育高质量发展的重要基石。上海棋院实验小学在积极奉行"以棋育德、以棋益智、以棋健心、以棋怡情、以棋促创"的同时，将经验传承与创新发展相结合，尊重儿童身心规律和学习规律，确定儿童学棋的视角，以趣为先、以实为重、以技为绳、以品为根，不断优化并重新编辑了象棋、国际象棋和国际跳棋的校本教材。通过一系列的棋类教材，展示了学校"做自己的冠军"的育人观、"与健康同心、与快乐同行、与幸福同向"的课程观以及"让学生终身受益"的教学观。学校组织编写并使用的《学象棋》《跟老师学国际象棋》《学在棋中》《象棋与人生》等校本教材，提高了棋类课堂教学的质量，使每一个学生都充分感悟棋类文化的魅力。学校开展棋类教学训练后，学生的学习成绩更加好了。这充分证明，棋类教材的理论辅导和系统学习对青少年的智力开发和品德养成有着积极而有效的作用。

　　如今，新编的"冠军丛书"已经面市，期待这套教材能够助推上海棋院实验小学的棋类教育再夺新冠、再立新功；也衷心希望更多的孩子可以从中获益，在棋盘方寸间感悟智慧的真谛和人生的乐趣。

上海棋院实验小学

图书在版编目（C I P）数据

国际跳棋. 下／上海棋院实验小学编. —上海：
上海人民出版社，2013
（上海棋院实验小学冠军丛书）
ISBN 978 - 7 - 208 - 11552 - 1

Ⅰ. ①国… Ⅱ. ①上… Ⅲ. ①棋类运动-小学-教材
Ⅳ. ①G624.81

中国版本图书馆 CIP 数据核字（2013）第 169241 号

· 上海棋院实验小学冠军丛书 ·

国 际 跳 棋（下）

上海棋院实验小学 编

世 纪 出 版 集 团
上海人民出版社出版

（200001　上海福建中路 193 号　www.ewen.cc）

世纪出版集团发行中心发行
常熟市新骅印刷有限公司印刷
开本 787×1092　1/16　印张 5.5　字数 54,000
2013 年 8 月第 1 版　2013 年 8 月第 1 次印刷
ISBN 978 - 7 - 208 - 11552 - 1/G · 1616

定价 15.00 元